Reise entlang der

ELBE

VON DER QUELLE BIS ZUR MÜNDUNG

Bilder von
Mario Weigt

Texte von
Beate Steger

Stürtz

Erste Seite:
Die Binnenschifffahrt an der Elbe sorgt seit Jahren für Diskussionen für oder gegen einen Ausbau des Flusses, da durch häufiges Niedrigwasser zwischen Dresden und Geesthacht die Schifffahrt nur eingeschränkt möglich ist.

Für das Tankmotorschiff an der Havelmündung ist gerade genug Wasser unter dem Kiel.

Vorherige Seite:
Der Wächter der Elbe, der beliebte Kletterfelsen Wartturm in der Sächsischen Schweiz, hat im Jahr 2000 ein ordentliches Stück von mehr als 300 Kubikmetern verloren.

Unten:
Zu der über 600 Jahre alten Schifferkirche Maria am Wasser in Pillnitz führt eine kleine Personenfähre,

die bei großen Hochzeitsgesellschaften, die gerne die Kirche nutzen, häufig das Ufer wechseln darf.

Seite 10/11: *Die spätgotische Albrechtsburg in Meißen wurde im 15. Jahrhundert erbaut und gilt als ältestes Schloss Deutschlands, weil die beiden Brüder Ernst und Albrecht von Wettin beim Bau das repräsentative Wohnen gegenüber dem Wehrcharakter bevorzugten und damit den Charakter eines Schlosses hervorhoben.*

Inhalt

BARTEL
BARTEL

bei Pardubice einen ordentlichen Knick hinlegt. Der Ort in Ostböhmen hat erstaunlich viele Eishockey-Spieler hervorgebracht, die sowohl in Tschechien als auch in Deutschland den ersten Ligen angehören. Ab hier fließt die Elbe in nordwestlicher Richtung, vereinigt sich im bereits angesprochenen Mělník mit der Moldau und rechts und links davon befindet sich die bedeutendste Weinbaulage in Böhmen.

Tetschner Walzer

Man kann noch einen Abstecher zum ehemaligen Ghetto Theresienstadt machen, das allerdings einige Kilometer weg vom Fluss liegt, aber ein weiteres Kapitel deutscher Geschichte beinhaltet, wie so manches an diesem Fluss. Überhaupt haben viele Orte und Städte hier mit den Deutschen zu tun. Für viele Städte gab es auch mal deutsche Bezeichnungen, wie beispielsweise Litoměřice (Leitmeritz) oder Hostinné (Arnau). Děčín (Tetschen) ist dann die letzte größere Stadt, bevor die Elbe Tschechien verlässt. In dem Schloss, das auf einem Felsvorsprung über dem Zusammenfluss von Labe (Elbe) und Ploučnice (Polzen) liegt, komponierte Frédéric Chopin seinen Walzer „As dur", genannt „Tetschner Walzer".
Bei Schmilka, dem kleinen Schifferort und Ortsteil der bekannten Kurstadt Bad Schandau, betritt die Elbe deutschen Boden. Aber in der „Schweiz" bleibt die Elbe trotzdem. Sie hat nur die Seiten gewechselt. Von der Böhmischen Schweiz kommt sie in die Sächsische Schweiz. Beide gehören zum Elbsandsteingebirge, wo schon alleine der Name jedes Klettererherz höher schlagen lässt. Aber auch Wanderer, Radfahrer sowieso und überhaupt alle, die bizarre Felsformationen lieben, kommen hier auf ihre Kosten. Und können sich fühlen, als wären sie in der Schweiz gelandet. Denn so kam es zur Bezeichnung Sächsische Schweiz. Zwei Schweizer Künstler fühlten sich Ende des 18. Jahrhunderts, an die Kunstakademie Dresdens berufen, beim Anblick der Landschaft an ihre Heimat erinnert und verwendeten den Namen in ihren Briefwechseln. Die Böhmische Schweiz wurde erst im Jahr 2000 zum Nationalpark erklärt, während ihre Schwester in Sachsen noch unter dem Nationalparkschutzprogramm der DDR im September 1990 diese Auszeichnung bekam.
Kann man in der Elbe schwimmen? Ja, man kann. Obwohl die Elbe 1990 noch als „Europas dreckigster Strom" bezeichnet wurde. Abwässer, Chemikalien und Umweltgifte aus den umliegenden Industrieanlagen machten dem Fluss das Leben schwer und verwandelten ihn in eine stinkende Kloake. Jetzt ist alles anders. Der erste demokratisch gewählte Oberbürgermeister von Dresden, Dr. Herbert Wagner, hatte seine

Der markante Lilienstein, einziger Tafelberg auf der rechten Elbeseite und größter in Deutschland mit 415 Metern, ist das Symbol des Nationalparks Sächsische Schweiz.

Vision verkündet: „Ich möchte bald erleben, dass man wieder in der Elbe schwimmen kann." Dietrich Ewers, ein gebürtiger Magdeburger, hat vor Jahren das mittlerweile traditionelle Elbeschwimmen ins Leben gerufen. Steigende Teilnehmerzahlen sind in jedem Jahr zu verzeichnen, wenn es darum geht, die Strecke von circa 3,5 Kilometern mit der Strömung vom Blauen Wunder, der bekannten Dresdener Brücke, an elbabwärts zu schwimmen. Immer im August ist es so weit, bei einem schlimmen Hochwasser wird die Veranstaltung verschoben. Für die Teilnehmenden gibt es dabei ein großes Fest mit Freibier und Wurst sowie für jeden ein Handtuch. Aus ganz Deutschland reisen die Elbeschwimmer mittlerweile an.

Jahrhundert- und Jahrtausendhochwasser

Apropos Hochwasser. Damit wird die Elbe immer wieder verbunden. Jahrhundert- und Jahrtausendhochwasser hat es hier schon gegeben. Eigentlich dachte man, die Hochwasser an der Elbe kämen nur durch Sturmfluten von Seiten der Nordsee zustande, wie das 1962 der Fall war, als es in der Hansestadt Hamburg zu Todesfällen kam. Die Insel Wilhelmsburg zwischen Norder- und Süderelbe wurde ganz schwer getroffen und der spätere Bundeskanzler Helmut Schmidt wurde im Zuge der Katastrophe zum Herrn der Flut auserkoren. Sein beherztes Eingreifen führte zu einer straffen Organisation der Rettungsmaßnahmen. Die sogenannte Sächsische Sintflut aus dem Jahr 1845 wird als ein Jahrhunderthochwasser klassifiziert und spielte sich an der Oberelbe ab. Es übertraf an Wassermengen noch das Jahrtausendhochwasser, das erst vor einigen Jahren, im August 2002, aufgetreten ist. Nachdem 2002 alle Wasserschäden beseitigt, Versicherungsleistungen geflossen und Aufräumarbeiten abgeschlossen waren, gab es nur elf Jahre Ruhe, bevor im Frühjahr 2013 erneut Orte an der Elbe, neben vielen weiteren Gebieten in Deutschland und Europa, von Wassermassen heimgesucht wurden.

Wer ganz anders mit Wasser an der Elbe in Berührung kommen möchte, dem sei die Kurstadt Bad Schandau empfohlen, wo man sich in der Toskana Therme wie in Italien fühlen soll. Etwas weiter elbabwärts liegt Pirna, berühmt

geworden durch Bernardo Bellotto, einen venezianischen Maler, der in der Mitte des 18. Jahrhunderts elf Gemälde von Pirna anfertigte. Es handelte sich dabei um Veduten, wirklichkeitsgetreue Abbildungen von Landschaften oder Städten. Der Marktplatz von Pirna sieht heute fast noch genauso aus, wie Bellotto ihn gemalt hat, nur Autos sind dazugekommen. Auch Pirna hat immer wieder mit Elbehochwasser zu kämpfen und wurde gerade 2013 ziemlich überschwemmt. Die Ladenbesitzer haben schon Routine darin, ihr ganzes Hab und Gut in die oberen Geschosse der historischen Häuser umzuräumen, bei den Versicherungen das Geld einzufordern und alles wieder trockenzulegen.
Von solchen Auswüchsen der Natur bleibt die Feste Königstein verschont. Bis zu 240 Meter über der Elbe thront sie, die als eine der größten Bergfestungen Europas bezeichnet wird. Zuerst als mittelalterliche Burg, dann nie eingenommene Festung, später als Gefängnis und in den Anfangsjahren der DDR als Jugendwerkhof für nicht ins sozialistische Weltbild passende Jugendliche, ist sie heute ein militärhistorisches Freilichtmuseum. Und ein beliebter Veranstaltungsort ist sie zusätzlich. Ob für Weihnachtsmärkte, Konzerte, Sommertheater oder kulinarische Veranstaltungen wie „Kommandantenbrunch" oder „Böttgers geheime Tafeley", wo man gleich noch was zur versuchten Goldherstellung im Auftrag von August dem Starken im frühen 18. Jahrhundert erfährt, die dann allerdings aufgegeben werden musste. Man hatte Angst, die Feste würde abfackeln, und so musste Johann Friedrich Böttger leider seine Arbeit einstellen. Gut für ihn, denn seine Versuche führten ins Nichts und er fürchtete schon, aufgrund dieser Erfolglosigkeit an den Galgen zu kommen. Doch er hatte Glück, zusammen mit anderen Wissenschaftlern wird er als Erfinder des europäischen Porzellans geführt. Und das kann man sich in Meißen anschauen, aber dazu kommen wir später.

Blaues Wunder

Nur kurze Distanzen liegen zwischen den einzelnen Sehenswürdigkeiten und Besonderheiten dieser großartigen Ecke Deutschlands, immer begleitet von der Elbe, die mittlerweile zu einem stattlichen Fluss angewachsen ist. Bald nach Pirna kommen wir zum Schloss Pillnitz, zum Teil auch von August dem Starken erbaut, der hier mit seiner Lieblingsmätresse Gräfin von Cosel rauschende Feste feierte. Es folgt das Blaue Wunder, ein Wahrzeichen von Dresden und durch den hellblauen Anstrich zu seinem Namen gekommen. Hier kann man sich in der Traditionsgaststätte Schillergarten aufhalten, in der Schiller angeblich die Gastwirtstochter

Die historische Schifferstadt Lauenburg in Schleswig-Holstein ist über 800 Jahre alt. Im Elbschifffahrtsmuseum gibt es passend dazu Wissenswertes von der Geschichte des Einbaums bis hin zum Tankschiff.

kennenlernte, die später in seinem Werk Wallenstein als „Gustel von Blasewitz" verewigt wurde. Kurz nach der Brücke folgen die drei Elbschlösser der Loschwitzer Höhe, die auch Albrechtsschlösser genannt werden. Das mittlere Anwesen gehörte dem sogenannten Odol-König Karl August Lingner, der sich ab Ende des 19. Jahrhunderts sehr um die Hygiene in der Mundhöhle kümmerte, und sich durch neuartige Werbe- und Vermarktungsstrategien ein Millionenvermögen erarbeitete.

Raddampferflotte

Von dort oben hat man einen wunderbaren Ausblick auf das Elbetal. Manchmal erscheint es ein bisschen nebelig, doch das klärt sich bald auf. Denn gerade in den Sommermonaten sind hier jede Menge Raddampfer unterwegs, die mit Heizöl oder Kohle betrieben gewaltige Dampfwolken ausstoßen und dabei ein unverkennbares Tuten von sich geben. Die Sächsische Dampfschifffahrtsgesellschaft besitzt weltweit die größte und älteste Raddampferflotte. Diverse Ein- und Ausstiegspunkte zwischen Seußlitz und Děčín lassen eine große Auswahlmöglichkeit an Fahrten zu. Gerade in den Sommermonaten kann es allerdings sehr voll auf den Schiffen werden. Der Anblick der vorbeiziehenden Sandsteinfelsen lohnt aber auf alle Fälle.
Die gewaltigen Schornsteine der Raddampfer können umgeklappt werden, und so steht einer Durchfahrt unter den Brücken nichts im Wege. Bei der neuen Waldschlösschenbrücke ist das nicht nötig, die Dresden den Titel Welterbe gekostet hat. Große Diskussionen, ob die Brücke überhaupt gebaut werden sollte, führten zu einer langen Genehmigungszeit, es gab Aktionen, die sich für, und andere, die sich gegen den Bau aussprachen. Fakt ist jetzt, der Titel „Welterbe Dresdner Elbtal" ist weg und die Brücke mit Baukosten von über 180 Millionen Euro darf sich teuerste Stadtbrücke Deutschlands nennen.

Elbflorenz

Mit oder ohne Welterbe-Titel, Dresden, auch als Elbflorenz bezeichnet, wird von vielen Menschen als eine der schönsten Städte Deutschlands genannt. Frauenkirche, Hofkirche, Semperoper, Zwinger, das grüne Gewölbe, der Fürstenzug... allein die Sehenswürdigkeiten der Altstadt aufzuzählen kann länger dauern. Dazu die Neustadt, die gar nicht so neu ist, mit vielen kleinen Läden und Kneipen oder Restaurants, sowie mit Pfunds Molkerei, die weit über Dresdens Stadtgrenzen bekannt ist – all das lohnt nicht nur einen Besuch. Und das zu jeder Jahreszeit. Der Striezelmarkt ist einer der bekanntesten deutschen Weihnachtsmärkte und sogar einer der ältesten, stellt er doch durch seine erste Erwähnung im Jahr 1434 den Nürnberger Christkindlesmarkt in den Schatten. Er wird ergänzt durch einen mittelalterlichen Markt am Stallhof und vielen weiteren kleineren und größeren Märkten, wo überall der Dresdner Stollen reißenden Absatz findet, der dem Striezelmarkt seinen Namen gab. Aber auch zu anderen Zeiten zeigt sich die neu aufgebaute Frauenkirche von ihrer schönsten Seite und ein Aufstieg auf die 67 Meter hohe Aussichtsplattform der Kuppel lohnt sich. Seit Oktober 2005 wird die Kirche wieder als solche genutzt.

Als die Stadt nach der verheerenden Zerstörung im Februar 1945 in Schutt und Asche lag, sollte es bis zur Wiedervereinigung dauern, bis die kreuz und quer herumliegenden Steine der Frauenkirche wieder ihrer ursprünglichen Bestimmung zugeführt wurden. Während andere Gebäude wiederaufgebaut beziehungsweise gesprengt wurden, sollten die Trümmer als Mahnmal gegen den Krieg ihr Dasein fristen. Nach der Wiedervereinigung kam dann auch hier die Wende. Der Wiederaufbau dauerte von 1996 bis 2005 und als besonderes Symbol des Friedens und der Versöhnung fertigte der Sohn eines britischen Piloten, der auch Bomben auf Dresden niedergehen ließ, das goldene Turmkreuz für die berühmteste Kirche Deutschlands.

Nicht ganz so aufwühlend, aber nicht minder interessant geht es in Meißen zu. Auf dem Weg dorthin könnte man noch einen Halt in Radebeul machen, dem Städtchen, dessen Name untrennbar mit Karl May verbunden ist, der hier lebte und arbeitete. Passend zu seinen Abenteuergeschichten ist in seinem Wohnhaus ein Indianermuseum untergebracht. Wem das jetzt zu exotisch anmutet, der ist vielleicht bei der Porzellanmanufaktur Meissen richtig. Denn dort kann man nicht nur der Herstellung des berühmten „weißen Goldes" in Schauwerkstätten beiwohnen, man kann die fertigen Kunststücke in der Ausstellungshalle besichtigen und bei genügend großem Geldbeutel auch gleich mit nach Hause nehmen. Allerdings sollten sich dazu nicht nur Münzen im Geldsäckel befinden. Die Besichtigung der Albrechtsburg mit Dom über den Dächern von Meißen dagegen erfordert nur etwas Muskelkraft und einen kleinen Obolus für den Eintritt.

Altenbruch, ein Ortsteil von Cuxhaven, hat einen historischen Ortskern und eine moderne Windkraftanlage, die aufgrund hoher Windgeschwindigkeiten nahe der Küste gebaut wurde.

Elbtalwein

Wer über genügend Kondition verfügt und das Laufen zu seiner Sportart zählt, kann, eine rechtzeitige Anmeldung vorausgesetzt, bei dem jährlich stattfindenden Elbtalweinlauf von Meißen im Herbst mitmachen. Der Lauf ist allerdings so beliebt, dass die 3000 Startplätze für die Distanzen zwischen zehn und 30 Kilometer innerhalb von weniger als einer Stunde nach Freischaltung der Online-Anmeldung vergeben sind. Die Strecke verläuft im Elbtal entlang der Sächsischen Weinstraße sowie in den angrenzenden Weinbergen und soll, ohne Platz- und Zeitwertung, zum Erleben der malerischen Landschaft und dem Genuss des sächsischen Weins einladen. Letzteres erst nach dem Lauf, versteht sich.

Apropos Sächsische Weinstraße: Sie führt durch das einzige Weinanbaugebiet in Sachsen, in dem hauptsächlich Weißweine wie Riesling und Müller-Thurgau angebaut werden. Mit dem Rad lässt sich diese Ecke hervorragend erkunden, wie die ganze Elbe von Nord nach Süd oder umgekehrt. Es gibt aber auch einen Sächsischen Weinwanderweg mit 90 Kilometer Länge für diejenigen, die lieber auf Schusters Rappen unterwegs sind.

Noch sind wir am Oberlauf der Elbe unterwegs, der an der deutsch-tschechischen Grenze begonnen hat. In Riesa in Sachsen ist damit Schluss und wir kommen in das Gebiet der Mittelelbe. Solange sich die Elbe aber noch durch Sachsen windet, ist es möglich, auf eine kursächsische Postmeilensäule zu treffen. Zur Zeit August des Starken aufgestellt, gab es vier verschiedene Säulenarten, die unterschiedliche Entfernungen anzeigten. Eine Meile entsprach 9,062 Kilometern beziehungsweise zwei Wegstunden. Durchgeführt und geleitet wurde die für damalige Verhältnisse einmalige und genaue Vermessung der Entfernungen von dem Pfarrer Adam Friedrich Zürner, der durch kartografische Arbeiten auf sich aufmerksam machte. Er konstruierte für sein neues Aufgabengebiet als Land- und Grenzkommissar ab 1713 einen

Altenbruch, ein Ortsteil von Cuxhaven, hat einen historischen Ortskern und eine moderne Windkraftanlage, die aufgrund hoher Windgeschwindigkeiten nahe der Küste gebaut wurde.

Elbtalwein

Wer über genügend Kondition verfügt und das Laufen zu seiner Sportart zählt, kann, eine rechtzeitige Anmeldung vorausgesetzt, bei dem jährlich stattfindenden Elbtalweinlauf von Meißen im Herbst mitmachen. Der Lauf ist allerdings so beliebt, dass die 3000 Startplätze für die Distanzen zwischen zehn und 30 Kilometer innerhalb von weniger als einer Stunde nach Freischaltung der Online-Anmeldung vergeben sind. Die Strecke verläuft im Elbtal entlang der Sächsischen Weinstraße sowie in den angrenzenden Weinbergen und soll, ohne Platz- und Zeitwertung, zum Erleben der malerischen Landschaft und dem Genuss des sächsischen Weins einladen. Letzteres erst nach dem Lauf, versteht sich.

Apropos Sächsische Weinstraße: Sie führt durch das einzige Weinanbaugebiet in Sachsen, in dem hauptsächlich Weißweine wie Riesling und Müller-Thurgau angebaut werden. Mit dem Rad lässt sich diese Ecke hervorragend erkunden, wie die ganze Elbe von Nord nach Süd oder umgekehrt. Es gibt aber auch einen Sächsischen Weinwanderweg mit 90 Kilometer Länge für diejenigen, die lieber auf Schusters Rappen unterwegs sind.

Noch sind wir am Oberlauf der Elbe unterwegs, der an der deutsch-tschechischen Grenze begonnen hat. In Riesa in Sachsen ist damit Schluss und wir kommen in das Gebiet der Mittelelbe. Solange sich die Elbe aber noch durch Sachsen windet, ist es möglich, auf eine kursächsische Postmeilensäule zu treffen. Zur Zeit August des Starken aufgestellt, gab es vier verschiedene Säulenarten, die unterschiedliche Entfernungen anzeigten. Eine Meile entsprach 9,062 Kilometern beziehungsweise zwei Wegstunden. Durchgeführt und geleitet wurde die für damalige Verhältnisse einmalige und genaue Vermessung der Entfernungen von dem Pfarrer Adam Friedrich Zürner, der durch kartografische Arbeiten auf sich aufmerksam machte. Er konstruierte für sein neues Aufgabengebiet als Land- und Grenzkommissar ab 1713 einen

Messwagen, bei dem es sich um eine Kutsche mit einem Gestänge handelte, das die Umdrehungen des Hinterrades auf ein Zählwerk übertrug. Mit seinem Messwagen legte Zürner etwa 18 000 Meilen zurück und war fortan nicht mehr in der Lage, auch noch seine Pfarrerstätigkeit auszuüben.

Reformationsgeschichte

Wer denkt, mit dem Verlassen von Sachsen hören die Sehenswürdigkeiten an der Elbe auf, irrt gewaltig. In Torgau, über 1000 Jahre alt, steht Schloss Hartenfels, das besterhaltenste Schloss der Frührenaissance, es gibt mit der Schlosskapelle den ersten evangelischen Kirchenneubau und Luthers Witwe Katharina von Bora ist hier beerdigt. Bleibt man der Elbe treu, kommt man an ihre Wirkungsstätte in Wittenberg, wo sie im heutigen Lutherhaus zusammen mit dem Reformator lebte und arbeitete. Die wunderschön renovierte Fußgängerzone mit vielen bunten Renaissancehäusern führt direkt zum Lutherhaus, in dem heute ein reformationsgeschichtliches Museum untergebracht ist. Neuere Geschichte mit teils ungeschicktem Ausgang schrieb die Stadt im April 1933; es gab zwei Ernennungen von Männern zu Ehrenbürgern der Stadt Wittenberg, wobei eine davon der Stadt heute höchst unangenehm ist. Neben Paul von Hindenburg, damaliger Reichspräsident, wurde ein gewisser Adolf Hitler ernannt. Er nahm diese Ehrung persönlich jedoch nie an und etwas mehr als 80 Jahre später distanzierte sich der Stadtrat Wittenbergs davon.

Gartenreich Dessau-Wörlitz

Zwischen Wörlitz und Dessau lädt das gleichnamige Gartenreich dazu ein, zu flanieren, zu spazieren, es sich gut gehen zu lassen. Über 142 Quadratkilometer Kulturlandschaft, hat der sogenannte „grüne Lord von Wörlitz“, Fürst Leopold III. Friedrich Franz von Anhalt-Dessau (1740–1817), hier entstehen lassen. Selbst Humboldt und Goethe wurden hier vom Fürsten höchstpersönlich durch inszenierten Wildwuchs geführt, der im Gegensatz zu den gezirkelten Blumenbeeten der herkömmlichen Schlossgärten stand. Ganz anders zeigt sich das Bauhaus Dessau mit seinen geraden Linien, ganz pragmatisch und funktional gegliedert.
Schon seit Wittenberg befindet man sich im Biosphärenreservat Elbe, in dem auch der Elbebiber wieder häufiger gesichtet wird. Über 2500 Tiere haben hier durch die Schutzmaßnamen wieder ihre Heimat gefunden. Magdeburg wird vom Reservat eingeschlossen, wobei in der Hauptstadt von Sachsen-Anhalt jenes Tier nur dem hiesigen Veranstaltungsmagazin seinen Namen geliehen hat.

Schnackenburg, im Urstromtal der Elbe gelegen, war bis zur Wiedervereinigung Zollstation. Heute gibt es hier ein sehenswertes Grenzlandmuseum.

Weltstadt Hamburg

Die Weltstadt Hamburg hat der Elbe ihren Zugang zur Nordsee zu verdanken, liegt sie doch 80 Kilometer vom Meer entfernt. Durch Norder- und Süderelbe mit reichlich Wasser gesegnet konnte hier der größte Seehafen Deutschlands entstehen, und so konnte es auch zu Legenden wie Hans Albers kommen, dem rauen Seebär mit Herz, dessen Matrosenlieder zum allgemeinen deutschen Liedgut gehören.
Beim Schulauer Fährhaus, etwas nördlich vom Hamburger Hafen, liegt das Willkommhöft, an dem die ein- und auslaufenden Schiffe mit der Hamburg-Hymne „Hammonia" beschallt werden. Anschließend werden Kapitän und Besatzung erst auf Deutsch, dann in ihrer Landessprache begrüßt. Zu den Klängen der jeweiligen Nationalhymne zieht das Schiff weiter. Meist sind es Pensionäre, die auf freiwilliger Basis hier den Begrüßungskapitän abgeben.
Die Elbe ist mittlerweile zu einem stattlichen Strom angewachsen und in Cuxhaven bringt sie es auf 18 Kilometer Breite am Mündungstrichter. Die Kugelbake, das Wahrzeichen von Cuxhaven, markiert dann die Mündung der Elbe in die Nordsee. Damit enden 1094 Kilometer erlebnisreiche Flussgeschichte.

Seite 22/23:
Eine der größten Bergfesten Europas, die Festung Königstein, schaut aus 240 Metern Höhe auf die Elbe und den gleichnamigen Ort mit der Kirche St. Marien herab.

Seite 24/25:
Auf dem Wasser (durch aufgeschütteten Untergrund getragen) erhebt sich das futuristische Bürogebäude Dockland am Eingang des Hamburger Hafens und erinnert mit seiner Form an einen Luxusdampfer. Für Besucher gibt es eine Aussichtsplattform.

Vom Riesengebirge bis Meißen – die Oberelbe

Vom Malerweg, dem Hauptwanderweg des Elbsandsteingebirges, auf dem schon im späten 18. Jahrhundert Caspar David Friedrich Anregungen für seine wunderbaren Landschaftsdarstellungen fand, bieten sich auch heute noch großartige Ausblicke, hier auf Königstein und den markanten Tafelberg Lilienstein.

Eingefasst als rundes Becken, davor eine niedrige Wand, die gerade so den Wappen der Städte, durch die die Elbe fließt, Platz bietet, so präsentiert sich die Elbequelle im Nationalpark Riesengebirge in Tschechien. Nach circa einem Kilometer fällt das Flüsschen beim Elbfall erst einmal 40 Meter tiefer. Ab da mäandert sie durch den Elbgrund und führt als Gebirgsfluss, mit Steinen gespickt, fast schon reißend, durch das höchste Gebirge Tschechiens, bis sie an der Krausebauden-Talsperre kurzzeitig ordentlich breit wird.

Vrchlabí, das sich auf Deutsch Hohenelbe nannte, ist der erste größere Ort mit Bahnhof, der nach der Elbequelle zu finden ist. In Hradec Králové, ehemals Königgrätz, kommt der junge Fluss zum ersten Mal mit einer Universität in Berührung, und Bischofssitz ist die Stadt mit den schön restaurierten Häusern auch. Bis Pardubice fließt die Elbe südlich und verliert dabei ordentlich an Höhe. Von 1386 Metern her kommend liegt die ostböhmische Stadt im Elbe-Tiefland auf circa 225 Meter Höhe. In Mělník wird es dann deutlich wasserreicher, da die Moldau mehr Wasser mitbringt als die Elbe bisher aufzuweisen hat. Noch mehr Wasser bekommt die Elbe dann in der alten Königsstadt Litoměřice durch den Zufluss der Ohře, die früher mal Eger geheißen hat. Nach Děčín, der letzten bedeutenden Stadt mit Schloss in Tschechien, überquert die Elbe bei Schmilka die Grenze und fließt fortan als deutscher Oberlauf bis Riesa in Sachsen. Seit Pardubice fließt sie westlich, um ab Děčín ihre nordwestliche Richtung einzunehmen, die sie bis zum Ende bis auf kleine Ausreißer beibehalten wird.

Der schönste deutsche Teil der Oberelbe verläuft durch die Sächsische Schweiz zwischen Schmilka und Meißen, mit dem Höhepunkt Dresden als eine der schönsten Städte Deutschlands. Großartige Ausblicke bieten sich von vielen Sandsteinfelsen, die die Sächsische Schweiz so charakteristisch und wunderschön machen.

Unten:
Špindlerův Mlýn wird gerne auch als Kitzbühl des Ostens bezeichnet, da es der beliebteste Wintersportort der Region ist. Die Elbkaskaden wurden 1897 nach einem schweren Hochwasser gebaut.

Rechts oben:
Die Hänge des Schlüsselbergs, Berg Medvědín (1235 Meter), sind im Winter ein Mekka für Skifahrer. Der Sessellift läuft jedoch das ganze Jahr über.

Rechts Mitte:
Der Name Spindlermühle (Špindlerův Mlýn) kam durch eine Mühle zustande, die der Familie Spindler gehörte. Lange Zeit wurde der Ort auch Spindelmühle genannt. Erst 1923 gab es eine Einigung auf den heutigen Namen.

Rechts unten:
Von der Talstation in Spindlermühle bei 743 Metern geht es über fast zwei Kilometer hoch auf den Berg Medvědín.

Oben:
Heute Sitz der Stadtverwaltung, wurde das ehemalige Schloss in Vrchlabí (Hohenelbe) Mitte des 16. Jahrhunderts von dem Bergwerksunternehmer Kryštof Gendorf erbaut.

Rechts:
Vrchlabí (Hohenelbe), der erste größere Ort an der Elbe, wird als Tor zum Riesengebirge bezeichnet. Nur noch auf 477 Metern Höhe befindet sich hier die Elbe. Zu den Sehenswürdigkeiten gehört das ehemalige Augustinerkloster, in dem heute ein Museum zur Geschichte des Riesengebirges untergebracht ist.

Oben:
Und es läuft und läuft, das Elbekraftwerk von 1911/12 am Zusammenfluss von Elbe und Adler in Hradec Králové (Königgrätz). Erbaut wurde es im Jugendstil von dem tschechischen Architekten František Sander, der viele Industriegebäude entwarf.

Links:
Hradec Králové heißt übersetzt Burg der Königinnen und war häufig der Witwensitz böhmischer Königinnen. Heute ist es eine lebendige Universitätsstadt mit zahlreichen Verweisen auf die Vergangenheit aus der Zeit der Gotik, der Renaissance, des Barocks und des Jugendstils.

Seite 34/35:
Das Renaissance-Schloss Mělník thront über dem Zusammenfluss von Elbe und Moldau. Hier lebten einst 23 böhmische Königinnen und Prinzessinnen. Unter anderem gibt es hier eine seltene Veduten- und Karten-Sammlung europäischer Staaten und Städte aus dem 17. Jahrhundert zu sehen.

In der Krypta der Probsteikirche St. Peter und Paul in Mělník ist eines der größten Beinhäuser Tschechiens zu finden, in dem während verheerender Pestepidemien die sterblichen Überreste von bis zu 15 000 Menschen bestattet wurden.

Auf dem Marktplatz mit dem Weinlesebrunnen wird die Bedeutung des Weinbaus deutlich. Das Weinbaugebiet Mělnícko diente ursprünglich dazu, Prag mit Wein zu versorgen. Im 16. Jahrhundert wurde der Blaue Burgunder sehr geschätzt, während es heute eher Weißweine sind, die angebaut werden.

Linke Seite:
Nach der Schutzheiligen von Böhmen, der heiligen Ludmilla, geboren um 860 und Böhmens erste christliche Fürstin, ist der berühmte Schlosswein von Mělník benannt, der im Weinkeller des Schlosses verkostet und gekauft werden kann.

Unten:
Wieder an einem Zusammenfluss, dieses Mal von Elbe und Eger, liegt Litoměřice (Leitmeritz), das auch Perle des Nordens in Tschechien genannt wird. In der Bischofsresidenz ist die Bibliothek des Leitmeritzer Kapitels mit mehr als 30 000 Bänden untergebracht. Hauptsächlich sind es theologische Schriften, aber auch Karten oder Notensammlungen von Christoph Willibald Gluck.

Rechts oben:
Der Stephansdom auf dem Domhügel von Litoměřice überragt die Bischofsresidenz und ist ein dreischiffiger barocker Sakralbau, dessen Glockenturm nach italienischem Vorbild mit einer Arkade mit dem Gotteshaus verbunden ist.

Rechts unten:
Leitmeritz, das drittälteste Bistum Böhmens, wurde nach der Rekatholisierung 1655 gegründet. In dem ehemaligen Jesuitenkolleg war bis 1950 ein Priesterseminar untergebracht. Über die Elbe führt die Brücke Tyrs.

Rechts Mitte:
Im alten Rathaus von Litoměřice ist heute das heimatkundliche Museum untergebracht. So ist eine Kopie der Rolandstatue am Pfeiler der Nordecke zu sehen und das Original befindet sich im Innern des Museums. An den Renaissance-Giebeln des nach einer Feuersbrunst ab 1537 umgebauten Gebäudes sind sowohl sächsische als auch italienische Einflüsse zu erkennen.

Links:
In dem kleinen Ort Velké Žernoseky wurde schon ab dem 14. Jahrhundert unter der Federführung der Zisterzienser Wein angebaut. Heute kann man bei der Weinlese im September selbst mit Hand anlegen, es gibt Umzüge mit historischem Bezug und natürlich eine Weinverkostung.

Unten:
Rechtselbisch erstrahlt Sebuzín (Sebusein), ein ehemaliger Erholungsort, im Abendlicht. Von dort kann man den Aarhorst (Varhošť) mit 639 Metern besteigen, von dem aus man an zehn verschiedenen Stellen einen Ausblick auf die Elbe haben soll.

Oben:
Zum Schloss in Děčín (Tetschen) führt ein Weg von 292 Metern Länge, genannt Lange Fahrt, und verbindet so die Altstadt mit dem Barockschloss.

Rechts:
In der modernen Stadtbibliothek von Děčín wird nicht nur die klassische Ausleihe betrieben, es gibt auch viele kulturelle Veranstaltungen und Vorträge.

Oben:
Die Heilig-Kreuz-Kirche ist eine barocke Hallenkirche in Děčín. Die Stadt liegt in einem Talkessel von Böhmischer Schweiz und Böhmischem Mittelgebirge.

Links:
Der markante Sandsteinfelsen Schäferwand, entweder eine Ableitung von „schiefer Wand“ oder nach einem Besitzer des Berges mit Nachnamen Schäfer benannt, liegt auf der rechten Elbeseite und damit gegenüber dem Schloss in Děčín.

KATHOLISCHE PFARRKIRCHE

Linke Seite:
Freistehend, solide, aus Stahl und 50 Meter hoch: Der Personenaufzug hoch zur Ostrauer Höhe in Bad Schandau wurde vom Hotelier Rudolf Sendig 1904 erbaut, um den Zugang zu seinen Villen, die für die damalige Zeit sehr modern mit elektrischem Licht und Wasserleitungen ausgestattet waren, zu erleichtern.

Dresden wird Elbflorenz genannt, aber in Bad Schandau gibt es die Toskana Therme. Der Lilienstein ist selbst von hier aus gut zu sehen.

Viele Ferienwohnungen gibt es im kleinen Ortsteil Postelwitz von Bad Schandau, der aus einer einzigen Häuserzeile entlang der Elbe besteht.

Links:
In der barocken Friedrichsburg, Teil der Festung Königstein, können im Standesamt Heiratswillige eindrucksvoll in den Stand der Ehe treten. Brautpaar und Gästen stehen kostenlose Parkplätze am Fuß der Festung zur Verfügung. Um nach oben zu kommen gibt es den Weg mit 22 Prozent Steigung oder einen Aufzug.

Unten:
Der Aufstieg auf einen der markantesten Berge der Sächsischen Schweiz, den Lilienstein, lohnt sich. Der Blick nach Osten zurück zum Ursprung der Elbe zeigt Prossen, Rathmannsdorf, Bad Schandau und die Schrammsteine.

Ganz unten:
Außen barock und innen klassizistisch. Diese besondere Mischung der Kirche St. Marien in Königstein kam durch einen Brand im Jahr 1810 zustande, als die Kirche bis auf die Grundmauern niederbrannte und beim Aufbau die Inneneinrichtung dem damaligen Geschmack angepasst wurde.

Ein besonders schönes und gut besuchtes Naturdenkmal ist die Bastei, das Symbol der Sächsischen Schweiz mit mehreren Aussichtspunkten, einem Restaurant und einer geschichtsträchtigen Felsenburg.

In schwindelerregender Höhe verbindet die Steinbrücke aus den Jahren 1850 bis 1852 die Felsenburg Neurathen und die Bastei auf 165 Metern Höhe über dem Elbespiegel.

Rechte Seite:
Ein Eldorado für Felskletterer ist die Sächsische Schweiz mit über 1100 Klettergipfeln (hier im Basteigebiet). Der Ursprung des Freikletterns wurde hier gelegt, ein erster Kletterführer wurde bereits 1908 herausgebracht.

Oben:
Die historischen Raddampfer auf der Elbe fahren zwischen Bad Schandau und Seelitz (hinter Meißen). Besonders beliebt ist die Strecke zwischen Pirna und Königstein durch das Herz der Sächsischen Schweiz. Hier der Blick auf Oberrathen.

Rechts:
Bei Niederrathen auf der rechten Elbeseite legt das Dampfschiff an. Hier beginnt der Aufstieg hoch zur Bastei und liegt der Zugang zur einmaligen Freilichtbühne inmitten der Sandsteinfelsen.

Links:
Die Möglichkeiten von Oberrathen nach Niederrathen zu kommen sind: Gierseilfähre, Dampfschiff, schwimmen oder das eigene Boot.

Unten:
In der Hochsaison von Frühjahr bis Herbst gibt es jedes Jahr einen noch größeren Besucheransturm in der Region, der von der im 15-Minuten-Takt operierenden Gierseilfähre in Rathen nur schleppend bewältigt werden kann.

Strandhotel
05500800
WILLKOMMEN AN BORD
Elbterrasse

Links:
Personenschiff vor dem idyllischen Wehlen in Sachsen. Im Kirchgarten der Radfahrerkirche gibt es einen Trinkwasserbrunnen für erschöpfte Radler.

Unten:
Am Fuße der Bastei liegt der Ort Wehlen auf der rechten und linken Elbeseite. Von den Bewohnern Wehlstädt'l genannt, lebt der Ort hauptsächlich vom Tourismus.

Ganz unten:
Auszug aus dem Wehllied von Hede Willecke über dem Torbogen des ehemaligen Ratskellers. Wer hoch zur Bastei will, kann sich in Wehlen für den Aufstieg stärken.

Seite 56/57:
Passend zur Aussicht gibt es in Wehlen den Steinbruchweg, der über die Wilke-Aussicht führt und Blicke auf die Weißen Brüche freigibt, an denen weißer Sand für die Glasindustrie abgebaut wurde.

Sächsische Zeitung
• LOKALREDAKTION
• ANZEIGENANNAHME
• LESERSERVICE
M. Hietzge
Porzellan Glas
Geschenke
PARFÜMERIE
WELLA
Schröter
WMF
VICTORINOX

Linke Seite:
Pirna lässt sich auch vom häufig wiederkehrenden Hochwasser nicht beeindrucken und erstrahlt wie frischgewaschen mit dem Rathaus am Markt, der Kirche St. Marien und Schloss Sonnenstein.

Schloss Sonnenstein wurde in den letzten Jahren umfangreich renoviert und ist jetzt für individuelle Entdeckungen geöffnet. In einige Winkel darf man aber nur im Rahmen einer Führung.

Im Sommer wird das berühmte Veduten-Bild von Bernardo Bellotto von Menschen in historischen Gewändern nachgestellt. Die Umgebung dazu sieht fast noch so aus, als wäre das Bild erst gestern gemalt worden, von Fahrrädern und Autos mal abgesehen.

Oben:
In Schloss Pillnitz feierte Kurfürst August der Starke glanzvolle Feste, am liebsten mit Gräfin von Cosel an seiner Seite. Sie wurde allerdings später, da sie sich zu viel in seine Politik eingemischt hatte, 40 Jahre lang auf der Burg Stolpen in Gefangenschaft gehalten, wo sie auch starb.

Rechts:
Von Freunden der Kirche durch ehrenamtliches Engagement vor dem Verfall gerettet, wird die barocke Weinbergkirche „Zum Heiligen Geist" in Pillnitz heute für vielfältige Veranstaltungen und natürlich Gottesdienste geöffnet.

Oben:
In nur vier Jahren Bauzeit entstand das Schloss Pillnitz von 1720 bis 1724 als Sommerschloss, wobei sich Kurfürst August ein orientalisches Lustschloss wünschte. Angeblich hatte er 345 uneheliche Kinder.

Ganz links:
Die Pegelstände am Wasserpalais von Schloss Pillnitz zeigen deutlich, dass die Hochwasser wieder die Höhen von längst vergangenen Zeiten erreichen.

Links:
Schiffsglocke des Personendampfers Pillnitz. Auf die kleine Schlössertour von Dresden-Blasewitz zum Lustschloss in Pillnitz auf einem der Dampfschiffe können auch Fahrräder mitgenommen werden.

Unten:
Ausblick vom Hausmannsturm im Residenzschloss Dresden: Im Vodergrund die Semperoper auf dem Theaterplatz, links das grün gehaltene Verlagshaus der Sächsischen Zeitung und daneben die Yenidze, eine ehemalige Zigarettenfabrik im Stil einer Moschee.

Rechts oben: *Der „Balkon Europas", die Brühlsche Terrasse, die unterirdisch weitere Sehenswürdigkeiten bietet und in deren Gewölben das erste Mal Porzellan hergestellt wurde. Im Hintergrund die Hofkirche.*

Rechts Mitte: *Links das Residenzschloss, rechts daneben die katholische Hofkirche, die im protestantischen Sachsen wichtig für Kurfürst August den Starken wurde, der, um polnischer König zu werden, zum Katholizismus konvertierte.*

Rechts unten: *Blick über die Elbe und das Salonschiff „August der Starke" auf das Neustädter Ufer. Dort liegen das Sächsische Staatsministerium der Finanzen und die Staatskanzlei.*

Oben:
Das Dresdner Residenzschloss wurde in den letzten Jahren umfangreich renoviert. Seit 2010 sind die Englische Treppe und die Türckische Cammer wieder zu besichtigen.

Rechts:
Der Zwinger ist neben der Frauenkirche die bekannteste Sehenswürdigkeit Dresdens, hier mit den beiden Langgalerien beim Kronentor. Er beherbergt im Inneren berühmte Museen.

Seite 70/71:
Das Yenidze, ehemals eine Zigarettenfabrik und 1908/9 erbaut, wird heute als Bürogebäude mit Restaurant in der Kuppel genutzt.

Links:
Mit 25 000 Porzellanfliesen auf 102 Metern zeigt der Fürstenzug an der Rückseite des Stallhofs am Residenzschloss die 800-jährige Geschichte des Hauses Wettin, zu der auch August der Starke gehörte.

Unten:
Gegenüber dem Zwinger liegt das Taschenbergpalais, ursprünglich als Geschenk von August dem Starken für die Gräfin Cosel erbaut. Heute beherbergt es ein Hotel der Kempinski-Gruppe.

ZE • YENIDZ • YENIDZ

Seele
Radeberger

Links:
Radebeul ist bekannt durch Karl May, der hier lebte und arbeitete, und vielleicht auch in der „Schwarzen Seele“ am historischen Dorfanger einkehrte.

Unten:
Zum einzigen Weinbaugebiet Sachsens gehört neben Meißen und Dresden auch Radebeul mit den Oberlößnitzer Weinbergen. Überwiegend sind es Weißweine, die hier angebaut werden.

Ganz unten:
Für Freunde der Schmalspurbahn ist die Lößnitzgrundbahn eine Attraktion, die täglich entlang der Weinhänge dampft.

Links:
Vom linkselbischen Burgberg oberhalb der Altstadt bieten sich herrliche Ausblicke auf die rechtselbischen Ortsteile von Meißen und Umgebung.

Unten:
Ab 1523 als Innungshaus der Tuchmacher erbaut, ist das Gebäude heute ein Weinhaus und gehört zum Weingut Vincenz Richter. Es ist nur eines der vielen Kulturdenkmäler Meißens.

Oben:
Auch in Meißen gibt es eine Frauenkirche und sehr gut sehen kann man sie vom „Balkon von Meißen“ aus, der Terrasse des Hotels Burgkeller.

Rechts:
Im Mittelalter sicherte das Torhaus den Zugang zur Albrechtsburg, heute ist hier und im angrenzenden Wohnhaus das Torhaus-Museum mit Ausstellungen zum berühmten Meissner Porzellan untergebracht.

Oben:
Eine Möglichkeit, Meißen ganz gemütlich zu erkunden, ist eine Pferdekutschfahrt, die vor dem spätgotischen Rathaus beginnt.

Links:
Wahrzeichen von Meißen ist der Dom St. Johannis und St. Donatus aus dem 13. und 14. Jahrhundert. Die beiden 81 Meter hohen neugotischen Türme sind neueren Datums vom Anfang des 20. Jahrhunderts.

Von Torgau bis Havelberg – die Mittelelbe

Auch die Mittelelbe bietet besondere Reize hinsichtlich Flora und Fauna, nicht nur für Flusskreuzfahrtschiffe wie die MS Theodor Fontane. Sie ist gerade unterwegs zwischen Dessau und der Lutherstadt Wittenberg.

Moderne Architektur hat an der Mittelelbe ihren Anfang genommen, wie das Bauhaus Dessau zeigt. Umwälzende Prozesse fanden hier statt, mit Auswirkung auf die gesamte christliche Welt, als sich in Wittenberg ein bis dahin unbekannter Augustinermönch namens Martin Luther aufmachte, gegen den Ablasshandel des Papstes vorzugehen. Das Bauhaus, die Lutherstadt Wittenberg mit Schlosskirche, Lutherhaus, der Stadtkirche St. Marien und dem Melanchthonhaus sowie das Gartenreich Dessau-Wörlitz wurden von der UNESCO zu Weltkulturerbestätten ernannt, die in diesem Gebiet in der höchsten Dichte in Deutschland auftreten.

Die Meisterhäuser in Dessau, die zum Teil von Künstlern wie Paul Klee und Wassily Kandinsky bewohnt wurden, können ebenso besichtigt werden wie das dazugehörige Museum. Mittlerweile gibt es im ehemaligen Atelierhaus auch Übernachtungsmöglichkeiten für Gäste.

Reist man die Elbe flussabwärts, kommt man vor so viel geballter moderner Kunst zuerst zur über 1000-jährigen Stadt Torgau mit dem bedeutendsten Schloss der deutschen Frührenaissance, Schloss Hartenfels. Im Schlosshof findet man die Schlosskirche, den ersten protestantischen Kirchenbau – von Martin Luther eingeweiht. Luthers Witwe, Katharina von Bora, starb in Torgau nach einem Kutschenunfall und fand in der Stadtkirche St. Marien ihre letzte Ruhestätte.

In Strehla, noch einige Kilometer flussaufwärts, fand am 25. April 1945 das erste offizielle Treffen zwischen den sowjetischen und amerikanischen Truppen statt. Ein schön restauriertes Renaissanceschloss und einen Marktplatz mit Postmeilensäule gibt es hier ebenfalls. Nachdem man dann die ganzen Welterbestätten besichtigt hat, kommt man zur Hauptstadt von Sachsen-Anhalt, Magdeburg, die nach und nach wieder immer schöner wird. In Havelberg mündet dann, wie der Name schon sagt, mit der Havel der letzte größere Fluss in die Elbe.

THEODOR FONTANE

GOTT EIN GUTE

Linke Seite:
Nicht nur für Protestanten ein Begriff: die Schlosskirche in Wittenberg, an deren Haupttür Martin Luther 1517 seine 95 Thesen schlug. Die Kirche gehört zum Weltkulturerbe der UNESCO.

Auch ein Weltkulturerbe ist die Kirche St. Marien in Wittenberg, in der die Heilige Messe zum ersten Mal in deutscher Sprache gefeiert und die Eucharistie in Form von Brot und Wein ausgegeben wurde.

Gemütliches Frühstück auf dem Campingplatz direkt an der Elbe – im Hintergrund der Turm der Schlosskirche in Wittenberg.

Von Biber, Stint und Störchen – Naturraum Elbe

Die Pflanzen und Tiere an der Elbe sind vielleicht innerlich zusammengezuckt, als es zur deutschen Wiedervereinigung kam. Nach der Teilung Deutschlands führten sie ein Schattendasein am Rande der Grenze und damit in Flussnähe, unbehelligt von den Menschen und den damit verbundenen Umweltauswirkungen des 20. Jahrhunderts, bis auf einige unpassende Entsorgungen direkt in die Elbe, die die Wasserqualität nicht gerade anhoben. Heute wird versucht, durch umfangreiche Maßnahmen auch weiterhin für den Schutz von Flora und Fauna zu sorgen und so schenkt uns die Teilung Deutschlands im Nachhinein ein positives und erhaltenswertes Erbe.
Über 400 Kilometer entlang des Flusses zieht sich das Biosphärenreservat Elbe-Flusslandschaften dahin. Nach Torgau in Flussrichtung gesehen beginnt das insgesamt 343 000 Hektar große Gebiet und führt dann durch fünf Bundesländer, bis es bei Lauenburg endet. Fast 75 Prozent der gesamten Fläche sind Landschaftsschutzgebiete, fast 60 Prozent EU-Vogelschutzgebiete.

Symboltier Biber

Das Symboltier und bekannteste Geschöpf an der Elbe ist sicherlich der Elbebiber. Er fühlt sich am wohlsten in den ausgedehnten Auenwäldern direkt am Fluss und an den Nebenarmen. Seine pflanzliche Nahrung ist dort zuhauf vorhanden. So mag er besonders gerne von gefällten Bäumen die Blätter und dünnen Zweige, tut sich aber auch hie und da etwas an der Rinde gütlich. Wer Meister Bockert, wie der Biber im Volksmund genannt wird, nicht live an der Elbe findet, kann das Biosphaerium Elbtalaue bei Bleckede besuchen und dort die Biber in einer großzügig und artgerecht ausgestalteten Biberanlage erleben.

Besagte Auenwälder sind nicht nur die Heimat der Biber, auch die Eichen, die einen solchen Wald zu etwas Besonderem machen, fühlen sich hier sehr wohl. Daneben gedeihen Weiden und Pappeln. Auftretende Hochwasser haben die Naturschutzorganisationen auf den Plan gerufen, die an diversen Stellen der Elbe versuchen, die Auenwälder auszudehnen und damit zwei Fliegen mit einer Klappe zu schlagen. Zum einen wird etwas für den Hochwasserschutz getan, indem die Elbe sich bei Hochwasser weiter ausdehnen kann und sozusagen Überflutungsgebiete geschaffen werden. Der Naturschutz profitiert natürlich auch und der ständige Wechsel zwischen Trockenheit und Überschwemmung bietet darauf spezialisierten Pflanzen eine Heimat. So findet sich nur in den Elbauen die Elbspitzklette, eine 1,30 Meter große Pflanze, die als gefährdet eingestuft wird. Die vom Aussterben bedrohte Rotbauchunke ist noch an einigen Abschnitten der Elbe zu finden, genauso der Fischotter.
Auch im Wasser hat die Elbe einiges zu bieten. Der Stint gehört zu den Edelfischen, ist eine Art Mini-Lachs, und kommt zum laichen aus dem Meer direkt in die Elbe. Stintfangen ist rund um Hamburg eine Besonderheit und Feinschmecker erkennen die kleinen, bis zu höchstens 30 Zentimeter langen Fische an ihrem typischen Gurkengeruch. Nur ganz frisch schmecken sie wirklich gut. Die Elbe gehört zu den fischartenreichsten Flüssen in Europa und hat mehr als 80 Fischarten zu bieten, so zum Beispiel auch Aale oder Zander.

Storchendorf Rühstädt

Neben dem Biber sind es die Weißstörche, die das Landschaftsbild der Elbe prägen. In Rühstädt, das als Europäisches Storchendorf bekannt ist, kommen auf fünf Einwohner mindestens ein Storch. Knapp 500 Bewohner zählt der kleine Ort in Brandenburg, und jedes Jahr kommen 70 bis 80 Störche, die ihre Nester auf den Häusern sozusagen als Mietwohnungen zwischen März und September in Beschlag nehmen. Ein Storchenclub hat sich der Sache mittlerweile angenommen und die informative Internetseite Rühstädts hält die Besucher aus Nah und Fern auf dem Laufenden, was sich in den Nestern und Wiesen gerade so tut. So wird von verkehrsregelnden Störchen ebenso berichtet wie von den wohngemeinschaftsähnlichen Ansiedlungen, die teilweise vier bis fünf Nester auf einem Bauernhaus ausweisen.

Links:
Nahe der Havelmündung macht sich ein Weißstorch auf die Suche nach Fröschen und anderem essbaren Getier.

Oben:
Vor der Wittenberger Eisenbahnbrücke ziehen zwei Schwäne ihre Kreise.

Kleine Bilder rechts, von oben nach unten: *Auf und an den Elbdeichen bei Lenzen in Brandenburg halten die Schafe das Gras kurz und verdichten gleichzeitig das Erdreich.*

Diese Graugänse an der Elbe sind hier heimisch, während die nordischen Gänse, wie Saat- und Blässgänse, nur zur Überwinterung aus den nördlichen Ländern an die Mittelelbe kommen.

Auf dem Malerweg an der Oberelbe werden die Wanderer oft auch durch Wälder der Sächsischen Schweiz mit bunten Baumpilzen geführt.

Viel genutzt und eine tolle Erfindung für die Wanderfische ist die Fischaufstiegsanlage in Geesthacht, die ein Vorankommen elbaufwärts garantiert. In Betrieb seit 2010 wurde sie bis 2013 schon von mehr als 1,2 Millionen Fischen genutzt.

Rechts:
Richtungweisend für die damalige Zeit war das Bauhaus Dessau in Design, Kunst und Architektur. 1925/26 wurde der von Walter Gropius entworfene Gebäudekomplex errichtet.

Unten:
Eine umweltfreundliche Gierseilfähre transportiert bei Coswig in Sachsen-Anhalt Menschen und Fahrzeuge. Die Fährmänner sind meistens direkt bei den Kommunen angestellt.

Oben:
In Dessau mündet die Mulde in die Elbe und wird vorher noch von einer Fußgängerbrücke gequert. Im Hintergrund der Johannbau und die Marienkirche.

Links:
Die Meisterhäuser, die als Wohn- und Arbeitshäuser zum Beispiel von Paul Klee oder Wassily Kandinsky genutzt wurden, gehören zum Bauhauskomplex in Dessau und können besichtigt werden. Es finden dort auch regelmäßig Veranstaltungen statt.

Rechte Seite:
Als erster gotischer Kirchenbau auf deutschem Boden gilt der Magdeburger Dom St. Mauritius und Katharina, der auch das Wahrzeichen der Stadt ist. In der Zeit der Montagsdemonstrationen gingen Zehntausende Magdeburger vom Dom aus auf die Straße.

Die Grüne Zitadelle in Magdeburg, ein Wohn- und Geschäftsgebäude mit Läden und Restaurants, war das letzte Projekt von Friedensreich Hundertwasser bevor er starb. Es wurde 2005 eingeweiht.

Der Mittellandkanal, Deutschlands längste künstliche Wasserstraße, überquert die Elbe beim Europäischen Wasserstraßenkreuz bei Magdeburg. Die Schleuse Rothensee ist ein Teil davon.

Seite 88/89:
Tangermünde feierte schon die 1000-Jahr-Feier und geht auf die gleichnamige Burg aus dem Jahr 1009 zurück. Der kleine Fluss Tanger mündet in die Elbe.

WISSEMBOURG

VOYAGER 780
BRB-238 V

Links:
Die Hansestadt Havelberg hat als Besonderheit eine Altstadtinsel inmitten der Havel zu bieten, auf der die Stadtpfarrkirche St. Laurentius eine der Sehenswürdigkeiten ist.

Unten:
Der älteste Teil des spätgotischen Rathauses in Tangermünde stammt aus dem Jahr 1430. Das Gebäude wird als eines der schönsten spätmittelalterlichen Bauwerke bezeichnet.

Oben:
Vor nahezu 400 Jahren wurde die junge Grete Minde beschuldigt, durch Brandstiftung Tangermünde in Schutt und Asche gelegt zu haben, auch den Platz hier zwischen Kirch- und Langer Straße. Heute steht vor dem Rathaus eine Statue als späte Ehrenrettung für das Mädchen, das damals fälschlicherweise zum Tode verurteilt wurde.

Oben:
In Rühstädt in Brandenburg, der Ort mit den meisten Störchen in Europa, wird die Nachbarschaft zwischen mehreren Storchennestern pro Dach großgeschrieben. Ob es einen Storchen-Hausmeister gibt, ist nicht bekannt.

Rechts:
Im seichten Wasser nahe der Havelmündung bei Gnevsdorf werden die Störche bei der Nahrungssuche besonders schnell fündig.

Oben:
Ein Aussichtsturm auf einem Altdeich ermöglicht hoch über der Elbe einen Blick auf Schnackenburg, einem ehemaligen Grenzort auf westdeutscher Seite, zu werfen.

Links:
Holstein-Rinder bei Schnackenburg, die für die Milchwirtschaft häufig gezüchtet werden. Im Hintergrund der 14 Meter hohe Aussichtsturm.

Die Elbe als deutsch-deutscher Grenz- und Schicksalsfluss

„Ihr könnt doch nicht auf mich schießen", rief der 21-jährige Hans-Georg Lemme im August 1974 zu den Grenzsoldaten der DDR, als er versuchte, schwimmend über die Elbe in die Freiheit zu kommen. Nein, erschossen wurde er nicht. Weil sie ihn nicht in ihr Boot ziehen konnten, fuhren sie einfach so über ihn hinweg, so dass seine treibende Leiche einige Tage später elbabwärts wieder zurück in den Schoß der DDR kehrte.

Viele solcher Schicksale gibt es, manche ganz unspektakulär und vielleicht gar nicht groß bekannt geworden, weil die Betroffenen es noch nicht mal zur Grenze hin schafften und schon vorher aus dem Verkehr gezogen wurden. 94 Kilometer zwischen Lauenburg und Schnackenburg war die Grenze an der Elbe lang. Fünf Kilometer umfasste die Sperrzone ab der Elbe Richtung Landesinnere der DDR, wo man sich ab 1952 zwischen 22 Uhr und Sonnenaufgang nicht draußen aufhalten durfte. 500 Meter vor der Grenze, im sogenannten Schutzstreifen, durften nur absolut parteitreue Mitarbeiter die Felder mähen.

Viele Veröffentlichungen hat es mittlerweile gegeben, damit die Menschen, die hier ihr Leben verloren, nicht vergessen werden. In einem Buch beschreibt die Historikerin Sandra Pingel-Schliemann die Schicksale von 27 Menschen, die alleine an der Grenze in Mecklenburg-Vorpommern starben, berichtet aber auch von Fluchtversuchen, die vorher schon scheiterten. Andere setzen Denkmäler, wie zum Beispiel in dem kleinen Ort Lütkenwisch, wo auf die Initiative des Pfarrers Gottfried Winter ein Denkmal für die Grenzopfer der Elbe, durch private Spenden finanziert, aufgestellt wurde. Auslöser war der Tod Lemmes, dessen Leiche in der Nähe des Denkmals angeschwemmt wurde.

Schnackenburg und Stresow

Hans Borchard, Initiator und Mitbegründer des Grenzlandmuseums in Schnackenburg, überwachte 1946 als Polizeibeamter die Demarkationslinie zwischen britischer und sowjetischer Besatzungszone und bekam hautnah die deutsche Teilung mit. Später wurde sein Leben durch die Grenze nahe seinem Heimatort Gartow geprägt. Nach der Wiedervereinigung setzte er sich vehement dafür ein, für spätere Generationen dieses Gefühl des Getrennt-Seins und die Auswirkungen dieser zum Teil tödlichen Grenze erlebbar und nachvollziehbar zu machen. Zusammen mit anderen gründete er das Grenzlandmuseum Schnackenburg, das weitere Gedenkstätten beziehungsweise Orte des Nicht-Vergessens nach sich zog.

Nur wenige Kilometer vom Grenzlandmuseum Schnackenburg entfernt zeigt die Gedenkstätte Stresow eindrücklich, wie diese Grenze ausgesehen hat. Das Dorf hatte das Pech, direkt im Schutzstreifen der Grenze zu liegen. Die dort lebenden Einwohner wurden zwangsumgesiedelt und der Ort in der Aktion „Ungeziefer" in den Jahren 1972 bis 1974 dem Erdboden gleichgemacht.

Neben vielen weiteren Grenzlandmuseen ist noch eines besonders hervorzuheben. Das Swinmark-Grenzlandmuseum Göhr im Landkreis Lüchow-Dannenberg geht auf eine rein private Aktion zurück. Nach der Wiedervereinigung sammelte Dietrich-Wilhelm Ritzmann aus Schnega entlang der Elbe alles ein, was nicht niet- und nagelfest war. Dazu gehörten Sperranlagen, Grenzzäune, Fahrzeuge, Uniformen und Dokumente. Ergänzt wird die umfangreiche Sammlung durch Fotografien, die Ritzmann während der Zeit der Teilung mit seinem Teleobjektiv von der Grenze machte. Das Museum liegt circa 20 Kilometer von der Elbe entfernt.

Dorfrepublik Rüterberg

Eine besondere Stellung hatte Rüterberg – Dorfrepublik 1967 bis 1989. Auf der östlichen Seite der Elbe an einer Elbschleife gelegen, war das Dorf von drei Seiten durch die britische Besatzungszone umgeben. Da die Grenze nach Meinung des Westens an der Ostseite der Elbe lag, baute die DDR entlang der Elbe zwei Zäune, die das Dorf einschlossen. Die Bewohner konnten nur durch ein eisernes Tor Richtung Osten, unter Vorlage ihres Personalausweises und mit strengen Sicherheitsmaßnahmen, das Dorf betreten oder verlassen. Ab 23 Uhr durfte niemand mehr rein oder raus. Aus Unmut der Dorfbewohner über dieses Vorgehen gründeten die

Links:
Wach- und Beobachtungstürme gab es ab dem Ausbau der innerdeutschen Grenze an der Elbe, den die DDR seit 1961 intensiv betrieb, zuhauf. Bei Darchau stand ein Grenzbeobachtungsturm Typ BT9 mit Gitterzaun und Tor.

Oben:
Der Initiator und Mitbegründer des Grenzlandmuseums in Schnackenburg, Hans Borchard, war selbst betroffen und wollte nach dem Mauerfall keine Anklage erheben, sondern einen Überblick über die Geschichte der 40-jährigen Trennung geben.

Bewohner am 8. November 1989, nichts ahnend einen Tag vor Öffnung der Grenze, die Dorfrepublik nach dem Vorbild der Urform der schweizerischen Demokratie, um fortan eine eigene Gesetzgebung zu ermöglichen. Einige Tage später gehörte die Teilung Deutschlands zur Vergangenheit.

Kleine Bilder rechts, von oben nach unten: *1957 kam es zur einzigen Einweihung eines Kirchenneubaus im Sperrgebiet der DDR, der Kapelle St. Lukas in Konau, das heute zum Kirchenkreis Bleckede gehört.*

Im Grenzlandmuseum Schnackenburg sind Uniformen und Ausrüstungsgegenstände von den Grenzsoldaten beider Seiten ausgestellt.

Wenige Kilometer vom Grenzlandmuseum Schnackenburg entfernt zeigt die Gedenk- und Begegnungsstätte Stresow die damaligen Grenzbefestigungsanlagen.

Grenzsicherungsboote brauchte es bei einer aus einem Fluss bestehenden Grenze natürlich auch. Das ehemalige Boot der DDR steht vor dem Grenzlandmuseum Schnackenburg.

Ares

IMPERIAL

Seite 96/97:
Sonnenuntergang bei Altengamme, einem Stadtteil von Hamburg, der auch zu den Vierlanden gehört. Vierlande ist eine Bezeichnung aus dem 16. Jahrhundert für ehemalige Flussinseln im alten Elbe-Urstromtal.

Unten:
Aussicht von der Viehler Höhe bei Alt-Garge, einem Ortsteil von Bleckede, auf Viehle und Gülstorf, durch die die Deutsche Storchenstraße führt.

Rechts oben:
Konau in Niedersachsen ist das einzige komplett erhaltene Marschhufendorf, das, ehemals im Sperrgebiet der DDR liegend, ohne Entwicklung und damit

Veränderung blieb. Es ist ein Reihendorf, wobei sich die Gehöfte an der Innenseite der Deiche befinden. Dahinter sind im rechten Winkel zum Deich die Felder pro Gehöft angeordnet.

Rechts Mitte:
Ein Opfer der Teilung war auch die Dömitzer Eisenbahnbrücke. Kurz vor Ende des Zweiten Weltkriegs zerstört, konnte sie, da im Sperrgebiet der DDR liegend, nicht wieder aufgebaut werden.

Rechts unten:
Ein schöner Campingplatz liegt bei Artlenburg in Niedersachsen direkt an der Elbe. Schafe werden häufig zur Deichpflege eingesetzt.

Oben:
In Dömitz in Mecklenburg-Vorpommern gibt es eine sehr gut erhaltene Flachlandfestung des 16. Jahrhunderts und eine Altstadt mit Fachwerkhäusern und der Johanniskirche.

Rechts:
Die Schleuse am Dömitzer Hafen, der jedes Jahr mit einem Hafenfest gefeiert wird, und bei dem man mit Ausblick auf Schleuse und Wasser zelten kann.

Links:
Direkt am Elberadweg gelegen ist Hitzacker in Niedersachsen ein Ort, der auch immer wieder vom Elbehochwasser heimgesucht wird. Übernachten kann man in der Villa Romantika in der Elbstraße.

Unten:
Die Altstadtinsel Hitzackers wird von dem Flüsschen Jeetzel umschlossen. Eine Betonmauer aus dem Jahr 2008 soll das Idyll in Zukunft vor Hochwasser schützen.

Links oben:
1679 als Vierständerhaus gebaut, wird das Ackerbürgerhaus in Bleckede heute als Ort der Kreativität genutzt, in dem künstlerisch veranlagte Menschen im Sommer ihre Werke zeigen.

Links:
Wichtige Beschützer vor Hochwasser sind die Elbdeiche, die regelmäßig kontrolliert werden. Schon um 1100 wurde mit dem Deichbau rund um Hamburg, hier der Deich bei Bleckede, begonnen.

Oben:
Die Hochwasserstände bei Lauenburg sprechen für sich. Jeder Zentimeter Wasser mehr bedeutet einen zusätzlichen Druck von 16 Tonnen auf einen Deich.

Rechts oben:
Die Bronzefigur „Der Rufer“ grüßt in Lauenburg die vorbeifahrenden Schiffe. Im Hintergrund die Hitzler-Werft aus dem Jahr 1885 am Elbe-Lübeck-Kanal und die Elbebrücke nach Hohnstorf in Niedersachsen.

Rechts:
An der alten Salzstraße, die von Lüneburg nach Lübeck führte, liegt das ehemalige Herzogtum Lauenburg mit seinen malerischen Fachwerkhäusern.

Von Geesthacht bis zur Nordsee – die Unterelbe

Fast scheint es so, als würde die Kutsche, die durchs Watt von der Insel Neuwerk nach Cuxhaven-Duhnen fährt, mit einem der großen Containerschiffe zusammenstoßen.

Das Stauwehr in Geesthacht zeigt den Beginn der Unterelbe an, die Gezeitenwirkung hat. Aber eigentlich ist es mit dem Begriff Unterelbe nicht getan. Die Sache ist viel komplizierter. Bei Hamburg bildet die Elbe ein Binnendelta, indem sie sich aufteilt in Norder- und Süderelbe. Dazwischen liegt die Insel Wilhelmsburg. Der Hamburger Hafen zweigt von der Norderelbe ab, hat also mit der Süderelbe nichts zu tun. An der Süderelbe, die gleichzeitig die Grenze zwischen Niedersachsen und Hamburg ist, entstand der Hafen Harburg-Wilhelmsburg, der aber im Laufe der Geschichte gegen das mächtige Hamburg an Bedeutung verlor. Nach erfolgreichem Zusammenfluss der beiden ehemaligen Streithähne entsteht die Niederelbe mit einigen Binneninseln, durch die es zu Nebenarmen kommt, die dann – passend – Nebenelbe heißen.

Bekannt an der Unterelbe ist das Alte Land, Deutschlands größtes zusammenhängendes Obstanbaugebiet. Viele kleine Häfen gibt es dort, die heute bei den Freizeitkapitänen sehr beliebt sind. Früher wäre die Vermarktung der Äpfel, Birnen und anderem Obst ohne die Häfen undenkbar gewesen. So wurde noch um 1925 herum das Obst frisch auf die Märkte Hamburgs mit Tjalks, niederländischen Segelschiffen mit breitem Bug und flachem Boden, transportiert.

Ein Überbleibsel aus der guten alten Zeit sind die vielen Leuchttürme, die wunderschöne Fotomotive abgeben. Die Leuchttürme lassen sich dabei in Leitfeuer und Richtfeuer unterteilen. Für schwierige Schiffspassagen sind die Leitfeuer die Richtungsgeber, die mit ihren verschiedenfarbigen Lichtern auf unsicheres Fahrwasser aufmerksam machen. Ein höheres Ober- und das kleinere Unterfeuer bilden zusammen das Richtfeuer, die es zusammen zu beachten gilt. Sieht der Kapitän die beiden Feuer in einer geraden Linie, befindet sich das Schiff in der Mitte des tiefen Fahrwassers, es ist auf der sogenannten Richtfeuerlinie. Werden die Lichter verschoben wahrgenommen, muss der Kurs korrigiert werden.

ALTE POST
BVLGARI
BOSS
Stille Eimer
sind tief.

Linke Seite:
Die Alte Post, im Stil der toskanischen Renaissance 1847 erbaut, steht in der als Einkaufsmeile bekannten Poststraße Hamburgs und beherbergt selbst einige edle Ladengeschäfte.

Das Rathaus der Speicherstadt links ist das Verwaltungsgebäude der „Hamburger Hafen- und Lagerhaus-Aktiengesellschaft", wo alleine die Räumlichkeiten einen Besuch lohnen. Gleich daneben das Fleetschlösschen, ursprünglich als zweites Gebäude der Speicherstadt und Zollgebäude erbaut, lädt heute als Café und Bistro zum Verweilen ein.

Die Alsterarkaden, Hamburgs älteste Einkaufspassage, erlauben einen Blick auf das Rathaus, Ende des 19. Jahrhunderts im Stil der Neorenaissance erbaut.

Oben:
Früh aufstehen muss, wer den sonntäglichen Fischmarkt in Altona besuchen möchte. Im Sommer öffnet er um 5.30 Uhr, im Winter kann man eineinhalb Stunden länger schlafen.

Rechts:
Mit Skulpturen von Menschen in Alltagssituationen wurde der Bildhauer Gerhard Brandes bekannt, von dem in der Nähe des Altonaer Fischmarkts gleich zwei Skulpturen stehen: „Fischhändler und Marktfrau“.

Oben:
Wem die Füße nach dem Fischmarkt wehtun, kann sich in der Fischauktionshalle in Altona zum Beispiel zum Kapitäns-Brunch mit Live-Musik verabreden.

Links:
Die legendären Fischverkäufer auf dem Fischmarkt bieten neben dem, was sie eigentlich verkaufen, auch noch ausgesprochen amüsante Darbietungen im Anpreisen ihrer Waren.

Linke Seite:
Auf dem Elberadweg beim Schiffsanleger Lühe sind die beiden Leuchttürme Unterfeuer Somflether-wisch, das das alte Unterfeuer Mielstack ersetzte, und das Oberfeuer Somfletherwisch zu sehen.

Die Borsteler Mühle, auch Aurora genannt, vom Ende des 19. Jahrhunderts, wurde 1961 stillgelegt und fungiert heute in Borstel, einem Ortsteil von Jork, als Restaurant und Café.

Im Alten Land, Deutschlands größtem zusammenhängenden Obstanbaugebiet, findet man viele schöne Fachwerkhäuser, wie hier in Hollern-Twielenfleth. Der Ort hat sich auch als Lotsen-Dorf einen Namen gemacht, das heißt ehemalige Kapitäne leben hier und bringen ihre geballte Seemannserfahrungen als Elbelotsen ein.

Links:
Inmitten des Alten Landes wurden in der Gemeinde Jork gleich mehrere Apfelsorten gezüchtet. In der Bürgerei kann man Altländer Fachwerkbaukunst bestaunen, die einzigartig und typisch für die Gegend ist.

Links Mitte:
Am Anleger Stadersand kommt man den Containerschiffen ganz nah. Die Santa Clara der Reederei Hamburg Süd wird hauptsächlich zwischen Asien und der Ostküste von Südafrika und Südamerika eingesetzt.

Links unten:
Der Holztretkran in Stade ist rekonstruiert, aber die Stadt selbst ist alt und wurde schon 944 als Hansestadt erwähnt. Ein verheerender Stadtbrand verwüstete 1659 jedoch mehr als 500 Gebäude.

Unten:
Von Cranz geht der Blick hinüber nach Blankenese, einem der vornehmen Viertel von Hamburg, das mit verwinkelten Gassen und edlen Restaurants aufwarten kann.

Oben:
Die Elbinsel Krautsand in der Nähe der Fähre Wischhafen/Glückstadt ist über zwei Brücken mit dem Festland verbunden. Die vielen Schiffsbewegungen auf der Wasserstraße Elbe sind von hier aus sehr gut zu beobachten.

Rechts:
Früh am Morgen ist die Schafwelt noch in Ordnung. Im Hintergrund das Unterfeuer Krautsand, das 1978 in einem Stück angeliefert und aufgestellt wurde.

Oben:
Hauptsächlich sind es Äpfel, die im Alten Land angebaut werden, aber auch Birnen und jede Menge Steinobst wie Kirschen oder Pflaumen.

Links:
An der Hafenausfahrt bei Glückstadt steht das Leitfeuer, ein etwa neun Meter hoher Turm, der 1995 aufgestellt wurde.

Links:
Der 1891 erbaute Wasserturm in Glückstadt beherbergt heute ein Restaurant. Früher tranken die Glückstädter gefiltertes Elbwasser, erst 1936 stieg man auf Grundwasser um.

Links Mitte:
Mit Reet gedeckte Häuser in Glückstadt und anderswo im hohen Norden stehen für Romantik und Ökologie. Allerdings erfordert ein solches Dach viel Pflege.

Links unten:
Der dänische König Christian IV. legte 1617 den Grundstein für Glückstadt mit den Worten „Dat schall glücken und dat mutt

glücken, un dann schall se ok Glückstadt heten". Der König ließ auch das Rathaus im Stil der niederländischen Spätrenaissance erbauen.

Unten:
Die Häuserzeile am Binnenhafen in Glückstadt steht unter Denkmalschutz. Ein Haus davon war ein Geschenk König Christians an seine Mätresse – übrig geblieben ist davon allerdings nur der Wiebke-Kruse-Turm.

Oben:
Im Ritzebütteler Schleusenpriel Cuxhavens ankern heute die Segelschiffe, die beim Auslaufen über den Alten Hafen mit der Alten Liebe (Anleger mit Aussichtsplattform) zur Elbe kommen.

Rechts:
Seit 1816 kommen Touristen in das „Seebad" Cuxhaven. Das Hotel mit Jugendstilfassade im Ortsteil Duhnen ist etwas jünger, befindet sich aber schon mehr als 100 Jahre in Familienbesitz.

Links:
In der Präsident-Herwig-Straße beim Hafen in Cuxhaven gibt es ein Fischrestaurant beziehungsweise -laden nach dem anderen mit fangfrischem Fisch aus Elbe und Nordsee.

Unten:
Lange Zeit gehörte Cuxhaven zu Hamburg, bis 1993 waren zwei Häfen immer noch Hamburger Eigentum. Der Hamburger Leuchtturm nahe der Alten Liebe zeugt noch heute davon.

Unten:
Um zur 15 Kilometer entfernten Insel Neuwerk zu kommen, gibt es drei Möglichkeiten. Mit dem Schiff bei Flut, zu Fuß oder mit dem Wattwagen bei Ebbe. Je nach Gezeitenlage ist es so, dass pro Tag nur eine Richtung geschafft werden kann.

Seite 132/133:
Das Nordfriesische Wattenmeer gehört zum Nationalpark Schleswig-Holsteinisches Wattenmeer, dem größten Nationalpark Deutschlands.

So wird die Elbe in Deutschland von zwei Nationalparks eingefasst, am Anfang von der Sächsischen Schweiz, am Ende vom Wattenmeer.

Rechts oben:
Von März bis November kann man den Krabbenkuttern zuschauen, die mit Fangnetzen die Sandgarnelen aufsammeln, die dann als die bekannten Nordseekrabben verkauft werden.

Rechts Mitte:
Die Kugelbake markiert die Mündung der Elbe in die Nordsee und ist ein Wahrzeichen Cuxhavens. Am Grünstrand an der Grimmershörnbucht kommt man bei Hochwasser direkt ins Wasser, ohne durch das Watt laufen zu müssen.

Rechts unten:
Für einen Spaziergang übers Watt sollte man die Gezeitenlage gut kennen. Für Notfälle gibt es zum Teil Rettungsbaken, die sich aber nur auf festgelegten Wegen, wie zum Beispiel auf dem Weg zur Insel Neuwerk, befinden.

Stellvertretend für die vielen Elbschiffer, die es gab und immer noch gibt, sitzt in Oberrathen ein Kollege auf der Klangterrasse und schaut auf die Elbe und das Basteimassiv.

Impressum

Buchgestaltung
Matthias Kneusslin
www.hoyerdesign.de

Karte
Fischer Kartografie, Fürstenfeldbruck

Printed in Italy
Repro: Artilitho snc, Lavis-Trento, Italien,
www.artilitho.com
Druck und Verarbeitung: Grafiche Stella srl, Verona, Italien,
www.grafichestella.it

ISBN 978-3-8003-4211-2

Bildnachweis
Alle Bilder von Mario Weigt mit Ausnahme von:
S. 86 oben: Martin Kraus/pixelio.de; S. 86 unten: jurec/pixelio.de; S. 87: Neurobite/iStockphoto.com; S. 132/133: Ralf Roletschek/roletschek.de – Fahrradtechnik und Fotografie.

Danksagung
Die Bilder auf den Seiten 22/23, 26/27, 46 und 47 entstanden mit der freundlichen Genehmigung der Festung Königstein gGmbH.
www.festung-koenigstein.de

Die Bilder auf den Seiten 94/95 Mitte und rechts, das 2., 3. und 4. von oben entstanden mit der freundlichen Genehmigung des Grenzlandmuseums Schnackenburg.
www.museum-schnackenburg.de

Unser gsamtes Programm finden Sie unter:
www.verlagshaus.com